- 行銷演講的藝術 -

頂尖行銷講師養成語錄

陳又寧 著

作者簡介：

陳又寧 Leo Chen

現任:

力恩國際顧問有限公司創辦人

全立通股份有限公司 業務經理

智感國際顧問有限公司 行銷顧問

心視界時尚健康運動俱樂部 創辦人&教育訓練講師

若水文創 行銷演講訓練講師

上海一勢企管專任銷售演講培訓講師

顥寧銷售研習會 訓練講師

銷售藝術培訓研討會創辦人

北京華人講師聯盟 認證講師股份有限公司

集結多年銷售經驗、對教育又充滿了熱忱，更不吝
分享各式各樣的銷售細節，想直接與老師面對面學習
更多嗎？請點擊連結：http://snip.ly/zxe20

　　*『讓銷售成為一種藝術』官方 LINE@：

https://line.me/R/ti/p/%40swc2659g

　　*『YES 銷售藝術商學院』粉絲頁：

https://www.facebook.com/Sellinglogicart/

　　*『Youtube 影片頻道訂閱』：

https://goo.gl/iQbscB"

　　*『2019 讓你的營業額一次增加 10 倍的行銷
術！』行銷演講實戰示範研討會

免費報名網址：http://snip.ly/zxe20

第一篇　　成為銷售講師的心態調整

01、 靜心！進新！

商業跟靈性是一體兩面的存在。商業成就越高，靈性修為通常也越高。

而靈性的成長首要來於『靜心』。心不靜，腦就不靜，腦不靜何來創意跟發想？

因此，新的一週開始，你是否願意透過 15-30 分鐘的靜坐或禱告來讓自己從『心』整理，

再來讓你的腦為你開展事業跟生活呢？

我跟你保證『心靜』的感覺棒極了！

02、 是方法有效？還是習性讓方法有效？

①.不敢投入時間金錢學習，然後生活持續原地打轉後向下

②.學習但不去實做，然後單純增廣見聞，抱怨生活沒改變或學習無效

③.學習而且很快去實做，然後會不熟練遇到問題，但對自己信心大增

④.學習後實做且不斷發問，然後技術不斷精進，生活品質一天高過一天！

親愛的朋友，你覺得你是哪種？

你覺得是方法有效？還是人的習性讓方法有效呢？

03、 永遠沒人可以告訴你！誰都一樣

只要你不接受！

永遠沒有人可以告訴你，你只能做什麼...你不可能做到什麼，就算你最親近的家人也一樣！

你要！就去做！

你才是你自己生命旅程的創造者！

04、 你會沒錢只有 1 個原因：『你太閒』！

如果你還有時間跟別人抱怨你沒錢，那代表你還有下一餐飯吃，所以你不急。

而連下一餐飯錢都沒有的人，他不會有時間跟別人講他們沒錢，因為他需要立即去掙錢，好讓他跟家人可以活下來。

所以人生最恐怖的就是餓不死，但也沒啥錢！因為它會讓一個人浪費時間一輩子，卻沒什麼成就。

因此，你還會花時間抱怨或擔心你沒錢嗎？

把這些時間用在立刻出門或上網，找人把你的產品跟服務賣掉吧！

你會沒錢只有一個原因：『你太閒』！！！

05、 成功！目標必須伴隨屬於自己有效的方法

『明確的目標』是達成目標的首要關鍵！

但如果沒有找到自己『可以有效重複操作的作法』，那麼目標不過是一種自欺欺人的口號幻想！

所以...

①. 設定明確有時間性的目標。

②. 學習找出屬於自己最適合操作的有效方法。

就一個追尋成功或反轉現況的人來說，這兩件
事缺一不可！！！

06、 相信專業最省錢！

在我的生活習慣裡，對於我不擅長的事，我很
喜歡立即去找專業人士幫我完成跟解決。

因為，專業人士會省下我很多時間，而且做出
來的效果往往令我有超乎想像的滿意。

而我只需要花費一點該支出的費用就能運用別
人出類拔萃的專業在我自己跟家人身上。

然而，我在這麼多年的創業跟教學生涯中，卻
發現大多數的人是會為了不要花錢而想要凡事
自己來。

他們認為他們沒有錢運用別人專業，又或者他們
覺得運用別人的專業很貴，不如自己來比較省。

但重點是：我們都知道『時間就是金錢！』如
果你生命的每分鐘都價值不斐，那你怎麼還會
想要花自己的時間，去做一件自己不擅長的事，
而且做的效果還不比別人好呢？

唯一的答案就是，會選擇凡事自己來的人，並不認為自己的時間值這麼多錢，所以他認為用自己的時間去做事很省錢。但對於一個事業有成就的來說，『他永遠會用金錢換取時間跟別人的專業，這樣他就有更多時間可以去作自己擅長跟有效益的事！』

所以，我的朋友，你全然相信專業嗎？你願意用錢去換別人的專業嗎？

這會完全決定你的生活品質！！！

07、 知識、機會、夢想！

學習帶來新知識！新知識創造新機會！

新機會＋立即行動＝提升現況！＋接近夢想！

相反的，不學習＝沒知識＝沒機會＝維持現況＝遠離夢想

所以，我的朋友，你準備好成為終身學習的典範了嗎？

08、 批評別人也不會凸顯你的好！

網路的發達讓人跟人之間的訊息傳達越來越方便。

但也讓隱藏在網路背後的現代人越來越來不負責任，各種個人網路平台都充斥著謾罵、攻擊、酸言酸語、假新聞、假訊息。

我一直認為，稱讚別人會比批評別人更容易讓自己跟他人快樂！

如果，每個人都能在認同他人時給予鼓勵，不認同他人時就閉嘴不做無謂的謾罵批評。

我想我們整個國家的現況跟競爭力跟幸福指數都會有不可思議的提升。

生活與其整天想如何貶低別人，並不會讓人覺得你更優秀。

每個人如果都把時間精力用在增加自己的能力，跟給予他人鼓勵，你的好會更容易被別人看見！

當生活不再有無謂的謾罵跟假的訊息，這世界就不會有這麼多所謂的霸凌。

這也是我希望我的下一代跟所有孩子們所能生活的世界！

09、 追隨你的熱情，你的生命永遠不會讓你失望！

追隨你的熱情，你的生命永遠不會讓你失望！

只為錢而工作，多半是扼殺事業跟快樂的最快途徑！

10、 講話傳訊息前多想 3 分鐘，你會少得罪很多人！

近期生活中常常遇到跟看到一些人，一不高興想講什麼就霹靂啪啦脫口而出。

既不求證、又一股腦認為自己是對的。然後內容出去了覺得自己吐口氣舒坦了，卻不知道在這過程裡他已為自己造成了多少傷害。

我在教國小五年級的生命教育課本裡，就寫到，『孩子，外面的世界不會每個人都原諒你。』

結果我卻在現代社會看到一堆大人，有的當人父母，有的很年輕，有的已經五六十歲，連基本的人情世故都不懂，然後在覺得自己都是對的世界裡，不斷得罪別人，進而也傷害自己跟家人及小孩。

這世界不會每個人都原諒你，也不會每個人都為你好而對你說真話，所以身為一個現代人，

如果沒辦法學會掌控自己的情緒，行動前從聽話者的角度多思考 3 分鐘，那生活過的不如意是絕對可預期的！不是嗎？

11、 人生事業快永遠不如穩!

事業、賺錢、健康、生活都一樣：

①. 「快」不如『穩』！

②. 「一次很多」不如『每次增加』！

③. 「多樣轉換」不如『一樣持續』！

④. 「表面包裝」不如『內在踏實』！"

12、 個人魅力有內、外在兩種

—魅力有內、外在兩種—

外表好看是一種外在魅力，但會隨時間持續遞減。

獨立自主、不斷學習、熱愛助人是一種內在魅力，它會隨時間更加吸引人！

如果可以選擇我會兩個都要，但如果只能選一個，我會選加強內在魅力，因為它會隨時間讓我外在魅力更加凸顯!那你呢？

13、 事業一開始的重點不是你工時多長，是你的方式多有效率！

健身一開始的重點不是你能舉多重，是你的動作多正確！

事業一開始的重點不是你工時多長，是你的方式多有效率！

人生一輩子的重點不是你有多少錢，是你的心有多快樂！

14、 你自己就是你生活中唯一且最大的問題！

人生有成就的人習慣『內省』！

生活不如意的人習慣『外求』！

有成就的人知道 10000 個開脫的藉口比不過他找到 1 個自身的核心問題！

沒成就的人認為這世界有 10000 個問題，但他本身完全沒問題！

所以我們可以說：『人生知道自己有問題就沒問題！認為自己沒問題就是最大的問題！』

15、 這世界批評很多，實際有效的建議卻非常少

批評只在單純陳述一個人事物不好，有效的建議卻在讓它們變的更好！

世界會進步需要的實際有效的作法，而不需要無謂的謾罵批評。

你對自己跟他人也一樣，無須批判自己或他人，只要不斷尋求有效的建議然後實際去做，任何人包含你自己都可以擁有比現在更好的生活！

16、 你習慣選擇有效？還是省錢？

人生中有效的做一件事它永遠是免費的，因為你一輩子多賺的錢跟省下的時間，都遠遠超過你一開始付出的時間跟金錢了！

那相反的來說，人生無效的做一件事那怕花 1 塊都嫌貴，因為浪費時間浪費體力，而時間就是上帝給人一輩子最有價值而且沒得換的最大禮物！

所以你是屬於會為了省錢而不一定要追求有效做事的人？

還是你是屬於想盡辦法學習用最短的時間有效做事的呢？

這答案很重要！

17、 極度富有的成功者都懂得把別人的變自己的

這世界事業體系龐大的領導者都懂得：

把別人的時間變自己的時間！

把別人的專業變自己的專業！

把別人的智慧變自己的智慧！

把別人的團隊變自己的團隊！

當然前提是，這些極度成功的領導者都是非常樂於先分享自身好處跟協助他人的人！

大富人很愛讓別人靠也靠別人、小富人很愛靠自己、窮人既沒人讓他靠也靠不住自己。

18、 **如果你認為做生意是靠跟同行競爭的，這世界的錢就是有限的。**

如果你認為做生意是靠跟同行競爭的，那對你而言這世界的錢就是有限的。

如果你認為做生意是靠同行彼此合作共創價值的，那對你而言這世界的錢就是無限的！

生意版圖大小不在於技術，在於你的腦袋跟心量！

19、 **面子不是保護來的，是真正幫助到別人而來的！**

銷售溝通，當你把自己看的比顧客或對方重要，你會在乎你自己的面子跟感受。

當你把顧客或對方生活現況的提升看的比你自己重要，你會想盡辦法邀請對方採取對他有利的行動！那怕對方一直做不了決定，甚至打退堂鼓讓你覺得沒意義想放棄。

面子不是保護來的，是真正幫助到別人而來的！

20、 **用一成不變的現在看未來，你會看到的是恐懼！**

用一成不變的現在看未來，你會看到的是恐懼！

用正在學習改變的現在看未來，你會看到的是盼望！

恐懼跟盼望只取決於你對自己怠惰人性的挑戰！

21、 當一個人開始為他的不順遂找理由時，他的人生就已注定向下沈淪！

『當一個人開始為他的不順遂，找他自認合理的理由時，他的人生在那刻就已注定向下沈淪！』

把責任推給別人你心裡會輕鬆，但你生活會很辛苦！

把責任全然承擔你心裡會有壓力，但你生活會越來越輕鬆！

22、 生活中只要你非誰不可，那人對你就有完全的影響力

生活中，如果你非需要這份工作不可，那老闆或主管就不一定有必要理會你的要求！因為是你需要他。

如果你非要買這個東西不可，那商家就能抬高價錢或抬高架子！因為是你想要買。

如果你非要這個人在你旁邊，那那個人就能對你予取予求！因為是你要他在。

所以，如果你的人生要活的自由，你就要學會沒有非任何人、事、物存在不可。

萬事萬物都有無限潛能跟可能！問題是你敢跨出去看嗎？

23、 人沒有現在哪有未來？

一個人的未來不用靠預測！努力過好今天，你就會看到有希望的明天，而未來的好壞就在你現在所存在的每一刻！

所以與其擔心未來，還不如好好努力建構當下這一刻吧！沒有現在還看什麼未來呢？

24、 人生最大的敵人永遠都是自己！

人生最大的敵人永遠都是自己！

能有勇氣克服自己心性跟習慣的人，也通常是這個世界帶領人們前進的領導者或典範！

所以能戰勝自己就能擁有你要的世界，帶給別人希望！

週末來臨前的今天，不妨讓自己想想你的哪些習慣跟信念已經成為你人生追求美好的最大敵人了呢？

25、 效果出來的速度決定人的持久度！

顧客越快得到產品效果，他就越會持續使用。

伙伴越快在工作上賺到錢，他就越會堅持努力在這事業上。

你自己越快在你做決定後產生成績，你就越會持續修正重複進行。

旁人越快看到你行動後的效果，他們就會越快支持你的決定。

所以說人生做任何事，一開始快就容易持續快！一開始就慢信心都被自己磨光了。那當然一切就不會有所改變了。你說是嗎？

26、 當你的野心比能力大，這時候叫只是盼望！

當你的野心比能力大，這時候叫只是盼望！

當你的野心跟能力一樣大，這時候叫訂下進程！

當你的野心比能力小，這時候叫價值探尋！

27、 你的生命品質不取決於你說了什麼？而在於你做了什麼？

你說的比你做的多—庸才

你說的跟你做的一樣多—人才

你做的比你說的多—將才

你的生命品質不取決於說了什麼？而在於你做了什麼？

28、 你無法解決顧客沒錢的問題，你只能幫顧客變有錢！

身為企業銷售者，

你不能解決顧客沒錢的問題，你只能幫顧客變有錢！

同樣的，你自己也不能用擔心來解決錢的問題，你只能去學習正確有效的賺錢方法來讓自己變有錢！

29、 真正的真理從來不會隨著時代改變而改變！

真正的真理從來不會隨著時代改變而改變！

人生成功的道理也是一樣。唯一讓人成就產生差別的原因只有：

『知道有做到！』、跟『知道沒做到！』兩種而已。

問題是你屬於哪一種？

30、 能力的發揮有 4 種：

①.有些人沒天賦沒勇氣

②.有些人有天賦沒勇氣

③.有些人沒天賦有勇氣

④.有些人有天賦有勇氣

能力的發揮天賦只佔第二，第一是你是否有勇氣去學習成長然後徹底運用！

31、 領導人的格局不建立在帶頭做對，而在於勇於認錯！

領導人的格局不建立在帶頭做對，而在於勇於認錯！

領導人的向心力不建立在嘴巴鼓勵，而在於行動支持！

32、 領導人的影響力不建立在過去輝煌，而在於持續進步！從事商業行為要長久賺錢的 4 件事！

從事商業行為要長久賺錢，

頭腦想的是經營行銷的策略！

心裡想的是產品對顧客的幫助！

行為做的是寬容大度的互利！

外在呈現的是真誠帶給人希望的典範！

33、 做生意要賺錢『心』正『行』就正！

做生意『心』正就『行』的正！

任何為賺錢走偏門或運用小手段的作法，那怕都合法，也是個人或品牌重傷害的開始。所以，

在永遠『誠實正直的基礎下為顧客尋求最大利益！』就是你生意唯一長久賺錢之道！

34、 人生再新的計畫也永遠只是計畫！

人生再新的計畫也永遠只是計畫，

『執行』是你最棒的起步，

『新方法』是你更快達成目標的加速器，

『修正』是讓你確定對準目標，而以上步驟

『持續不間斷』才是你目標會實現的關鍵！

35、 要富有就學會把錢拿回來！

成功的企業家跟投資專家都會告訴我們：

『錢要用在可以讓你賺錢，同時能把錢拿回來的地方！』

而多數的窮人只看到「花錢」所以他沒辦法思考跟學習如何把錢拿回來。

也因為這樣，窮人就更不敢把錢用在對自己有益的地方，因為匱乏......

因此這世界永遠是窮者亦窮、富者亦富。

我常跟我親愛的學員說：錢我們每個人，每天眼睛一睜開就在花，我們無法避免花錢，因為我們要生活。所以你只能選擇把錢全用在對你沒幫助的地方，或是把一些錢用在對你有幫助的地方。

所以現在的你，對於金錢的認知是什麼呢？

這將在你的潛意識種下你生命品質的種子！！！

第二篇　讓你邁向成功的人格特質

01、 想像老鷹一樣飛翔，就別跟鴨子一起游泳！

如果你總是怕沒錢而不敢花錢，那你也不會有勇氣叫顧客掏錢做決定！

如果你總是認為自己聽很多懂很多，那你找到的顧客也不會認真被你啟發！

如果你總是保護自己認為別人都要佔你便宜，那你也很難找到會完全相信你的顧客！

你生活周遭最常出現的人事物，就像一面鏡子真實的呈現了你的人格特質。

美國有句俚俚語：『想像老鷹一樣飛翔，就別跟鴨子一起游泳！』

你想知道你現在是老鷹還是鴨子嗎？

看看給你意見，你最常花時間相處在一起的都是怎樣的人吧？

你一定會看到你自己最真實的現況！

02、 一個成功者跟失敗者的最大差別在於是否『言出必行！』

在我十多年的職業身涯當中，我發現要判斷一個人的成就跟未來其實 1 件事就可以！

我們只要看了一個人會不會去『做』跟『完成』他所"說"或"承諾"的！

而在這過程中你會發現 10%左右的人，他會說了什麼就去做什麼，而且不管用多少時間，他會想辦法達成目標。因為他們很怕對自己跟他人失信，而這些人都是社會各個領域當中頂尖的影響力人士！

相反的，這社會 90%的人很會說、說很多、甚至有些人話說的很滿、很漂亮，但實際去看他的行為，你會發現，他說的是一套、但不會採取行動去實現它，如果你問他為什麼沒去做？他會告訴你一堆沒有邏輯的理由，想要說服你，順便給自己台階下。這樣的人不害怕失去信用，但他害怕其他所有事情…

我的朋友，如果你想未來過的比現在更好，好好小心檢視自己生活是否『言出必行』？然後盡可能的遠離那些出一張嘴，但什麼都沒做的

人，因為他會讓你的人生一起向下沈淪！這也是我更加小心檢視自己的地方！

03、 一個人一生的『成就』技術只佔 20%

自有人類歷史以來，所以成就輝煌的成功人士，人格特質都有相同之處。而一輩子平凡或窮困的人，人格特質也都有一模一樣的地方。

我們從小被灌輸要有好的技術跟教育才會出人頭地，但如果你仔細去對照有成就跟沒成就的人，你會發現有成就跟影響力的人，不見的一定擁有最好的技術或教育水平，然而他們卻一定有『夠大的格局』、『企圖心』、『敢冒險』、『做的比說的多』、『重承諾』！等等的人格特質。而一般或窮困的人，卻剛好擁有以上完全相反的特質……

所以，決定一個人一生成就的核心到底是什麼？

我只能說成功的人格特質絕對先於成功的技術！！！

04、 不要輕易接受別人告訴你這樣行不通！

這個世界所有創新的東西，全都來自一個從未被想過或實現的點子！

生活中正常人往往都傾向凡事追求跟多數人一樣，所以任何不同或從未做過的事都容易被排斥。

但被認為不正常的人總是追求跟「大多數人不一樣」，他有十足的勇氣接受別人的懷疑或異樣眼光，他總是會問自己：『為什麼不行？？？』

綜觀歷史世界文明的進步全都來自於這些被認為不正常的人。而正常人都為這些不正常人工作或被領導。

因此，你想為自己的事業跟生命創造突破性的奇蹟嗎？

接受自己去當一個追求不同的不正常人吧！

05、 3 多讓你人生必然失敗！！！

①.「講」的比你『做』的多！

②.「反悔」的比你『承諾』的多！

③.「恐懼」的比你『想要』的多！

06、 既然都要找理由...

我很不懂，找理由說服自己改變現況，也是要找理由。

找理由說服自己不敢改變，也是要找理由。

既然你人生每天都要找理由說服自己，那為什麼不找理由讓自己變的更好呢？

為什麼要找理由屈服於你的恐懼跟習慣呢？

07、 『講』都是現況，有效的去『做』才是你要的未來！

『講』都是現況，有效的去『做』才是你要的未來！

別整天告訴別人你有什麼夢想跟計畫，你需要的是去做出那個夢想跟計畫，

別人就會看到跟相信了！

你的人生，跟別人的信任，是『做』出來的！不是『講』出來的。

08、 你沒辦法掌控你的情緒，你就沒辦法掌控你的世界！

你沒辦法掌控你的情緒，你就沒辦法掌控你的世界！

你沒辦法掌控你的行動，你就沒辦法掌控你的目標！

今天星期一的開始，你打算做些什麼來改變提升你的現況呢？

09、 習慣等待 = 習慣拖延 = 習慣失敗

常聽到有人會說：「等我準備好了、賺到錢了、或做到什麼了...我就一定會去怎樣。」結果就我這十幾年來觀察發現，習慣這樣對自己跟他人說的人，通常生活現況都不太如意。

而也因為他生活現況不夠好，他就覺得自己缺乏，然後，就更繼續對自己跟他人說：「等我有一天準備好了，我就會怎樣了。」就此陷入無限墜落的漩渦，生活怎樣上，都上不來！卻又覺得，自己只是還沒準備好……

如果一個人，很長一段時間都活的不如意，那代表他的思維跟作為造就了他的不如意。而維持同樣的思維跟作為卻希望自己有一天會準備好變的不一樣，這豈非緣木求魚。

所以一個人生活的改變至少要能學會：

①. 克服自身微不足道的恐懼！

②. 做決定就貫徹到底不隨時退縮的信念！

③. 不斷學習新知識跟上社會脈動的習慣！

習慣被自己的恐懼打敗、習慣做決定後放棄、習慣維持現狀不學習，這都會只讓人得到一件事叫：『不如意的失敗人生！』

10、 做生意兩件事，『買』跟『賣』...

做生意兩件事，『買』跟『賣』

但多數人，不喜歡跟別人買，也不敢賣別人

那是能做什麼賺錢的生意呢？

貧富差距不只來自於個人技術，更來自於個人特質。

11、 人生成功者與失敗者唯一的分水嶺……

如果你說你現在不成功是因為年紀，

如果你說你現在沒有錢是因為沒錢，

如果你說你現在不快樂是因為別人，

那你人生的總結就會是以上的總和叫『失敗』！

找藉口不行動。跟找方法去行動！

這就是人生成功者與失敗者唯一的分水嶺！

12、 一個人的自信跟他敢面對自身恐懼的勇氣成正比！

一個人越愛自己他會越容易散發自信，而一個人越能面對並克服自身恐懼，他就越容易感受到自己的價值並更愛自己！

所以，當你想幫助別人變的更好，你自己必須先成為一個更好的人。

那面對恐懼→克服恐懼→愛上自己→發自內心的自信→吸引別人願意被你幫助！

這絕對是你，也是自古今來所有偉大人士必經的過程！

13、 成就來自於敢承擔！

你的事業版圖絕不可能超過你敢承擔的風險！

『成就』有時說穿了就是看你多勇敢去做你沒做過且害怕的事！

要有勇氣人人都會說，但面對人生各種新的挑戰跟決定時，90%的人卻不在「說」，只會『縮』！

所以不要怪富者亦富，窮者亦窮。先問問你自己，富者所承擔的風險跟害怕，你敢承擔嗎？

14、 『專注』決定你人生接下來的成敗！

專注足以讓小行為成大事。

無法專注足以讓人一生毫無所成。

如果你是做任何事、在任何地方都會隨時拿起手機來看的人，

那你可能時間花的比別人多，成就跟收入卻不一定能如你所願。

如果說"時間在哪，成就在哪！"這件事大家都認同，

那現在你生活多數的"時間"是花在手機無意義的資訊上多？還是對你跟別人有幫助的事上多呢？

15、 偉大的企業家向來不會區分他的工作及生活!

偉大的企業家多半無法區分他的工作及生活。因為他熱愛他的工作，所以工作時他已經在享受生活，同時賺進大把財富！

在假期中，除了休息，也不妨好好想想，現在的你熱愛你的工作嗎？工作就像享受生活嗎？

這答案會讓你在對的領域幫助更多人，也幫助自己更容易賺取財富。

16、 熱愛、努力、持續

最近聽到一個學員跟我分享，當他受訓完站在講台演講分享，然後獲得許多聽眾的正面回饋跟詢問。他覺得自己越來越愛講師這個角色，也從演講裡找到了對自己的信心！這訊息對我

而言其實是替他高興也感動的！如果一個害羞容易鑽牛角尖的人都能克服恐懼站在台上分享他的專業。那代表，『恐懼』永遠無法埋沒一個人的努力跟天賦！

所以，任何一件事的成功『熱愛』、『努力』、『持續』三者都不會缺乏！然而最可惜的是，這世界多數人並不熱愛自己要做的事、進而當然也不會想很努力、最後當然也無法持續。所以基本成功之道，大家都知道，只是心態跟行為做不到而已，不是嗎？

17、 這個世界沒有所謂沒時間，只有你多想去做？

這個世界沒有所謂沒時間，只有你多想去做？

這個世界沒有所謂沒有錢，只有你多肯改變？

這個世界沒有所謂東西貴，只有不夠有錢的人！

這個世界沒有所謂不可能，只有不學習的腦袋！

18、 你是為放棄而做？還是為做到而做？

在我長時間辦培訓協助許多創業家成長的過程中，我總會看到一種狀況，就是每次只要有人

在報名我的培訓時問工作人員：如果他報名後反悔了可不可以退？這樣的人 100%他最後都一定會退掉，不會來接受培訓。

為什麼呢？

各位我們的意識決定我們的行動，當你一開始做一件事，你就在想你要放棄時該怎麼做的時候，你就注定做不到或做不完這件事了。因為你意識的重點是『放棄』而不是『做到』...

而一個為做到一件事而做決定的人，他的一開始做一件事他的腦袋就只剩如何做到跟做好這個想法，所以他意識的重點是『做到』而不是『放棄』！

所以各位學員好友，你人生當中充滿大大小小的決定，你是習慣為放棄而做決定？還是為做到而做決定呢？

你覺得怎麼做對你的人生會比較好呢？

19、 你沒有你還敢要嗎？

一般人想要做一件事，但他沒錢或條件不夠，他會對自己說：「我現在沒辦法以後再說」。

有錢人想要做一件事，但他沒錢或條件不夠，他會對自己說：『我現在要怎麼做才能有足夠能力做到這件事！』

而這世界真正擁有有錢人的思考模式跟勇氣的人，比例不到 10%...

不妨想想當你想得到一樣東西但你沒條件時，你是怎麼想跟做的呢？

這人格特質決定你一輩子的成就高低！

20、 偉大企業家的 4 個共通要素

所有事業有成就的人都會說：『要成功就做自己喜歡的事』！

所以喜歡＋熱情＝成功的第一步

喜歡＋熱情＋鑽研 ＝專家

喜歡＋熱情＋鑽研＋時間＝藝術家

喜歡＋熱情＋鑽研＋時間＋愛好分享＝成功企業家

因此，『偉大的創業家』是「專家」跟「藝術家」及「企業家」合而為一的完美傑作！！！

第三篇　銷售與溝通

01、 善於銷售或行銷演講的大師都知道的事

善於銷售或行銷演講大師都知道，話是說潛在顧客想聽跟期待的，所以他們總是在想，要賣一樣東西怎麼講會吸引顧客的注意力？怎麼講會激發聽眾的好奇心？怎麼做可以刺激聽話對方想要採取行動的慾望？

永遠記得銷售行銷，話是講給潛在顧客聽的，不是講給你自己自嗨的！

02、 注定失敗的銷售

某天吃中飯的時候，後面桌子坐了 4 個五六十歲左右的大哥大姊，其中一個大姊一直在發言，談的是她對加密貨幣賺錢的展望跟看法，她也不斷提到成功要有團隊、要有人帶領同時也提出幾個賺許多錢的大見證，而另一位大姊就只發聲跟認同附和，其他人則只是聽。在約半小時後他們其中一位大哥很不耐煩的打斷一直發言的大姊說：『好了！就先這樣！我們該走了。』然後這 4 個人就草草解散了...

我不知道各位從這個小事情裡感受什麼？

然而，我只想說那句老話：『銷售別人說好才叫好！你自顧自己說好不叫好。』

跟大家共勉囉！

03、 銷售習慣尋求 YES 的重要性！

銷售不管是一對一或一對多，創造互動都是很重要的！

而要自然創造互動最好的方式就是『尋求聽話方認同』！

尋求認同不僅可以讓對方對你說 YES！同時還可以讓彼此的頻率趨向一致。

所以，你的行銷演講或一對一銷售，如果想要做的好，那就別再習慣自說自話，

開始養成『尋求認同』、『創造互動』的習慣吧！

04、 『非語言』100%決定你的成交率跟影響力！

非語言 100%決定你的成交率跟影響力！

銷售、溝通、演講、網路直播，重點絕對不只在你講話的內容及文字本身！

其中面部表情、眼神、語調、速度、氣勢、手勢、站坐姿等等，也就是我們所謂的非語言，

非語言-「否定」引導示範

這對我們在任何銷售溝通的場合都有十足的影響力。

所以事業做的好的人非語言能力都是相當有變化跟凸顯的。

而溝通事業做得還不夠好的人，往往是很著重語言文字內容，但

非語言-「肯定」引導示範

表情語調肢體都平淡到令人無法激起熱情跟慾望。

因此，如果你希望你的銷售行銷事業能更上一層樓，那請好好加強你非語言的練習吧！

05、別搞錯了!顧客永遠只會在乎他自己!

銷售你要讓顧客知道的是：『你能為他生活現況帶來什麼好處跟幫助！』

絕對不會是，你的產品跟服務本身有哪些特色跟好處。

顧客在乎的永遠不會是你的產品，他只會在乎他自己！

不管你認為你的產品跟公司有多厲害都一樣 ok

06、溝通你是主導？還是你被主導？

一個善於溝通的行家，他會讓溝通對方的回應都在他掌控內，但他自己的回應都不在對方的掌控內。

這樣他才會對於這場談話有主導性！

你的溝通銷售都是你在主導？還是你常被主導呢？

這關乎你的影響力跟成交率！

07、 你到底在賣什麼？

你賣的是產品？還是賣的是好處？

你賣的是功能？還是賣的是價值？

你賣的是公司？還是賣的是未來？

你覺得顧客真正要買的是什麼？

而你最常掛嘴邊的又是什麼？

08、 你無法讓顧客接受你自己都不接受的價格

<<你無法讓顧客接受你都不接受的價格>>

如果你覺得你自己你賣的東西貴，那代表你自己跟別人買一樣價格的東西，你也會覺得貴。

如果你自己都接受不了的價格，你怎麼期望你吸引的顧客會輕鬆接受？

所以你這時你有 2 個選擇改變這狀況：

①.覺得自己的東西沒那價值，所以降價或退費，然後讓顧客更沒信心。

②.提昇自己產品的內容，加強自我價值的認知，然後堅定的幫助顧客做決定來改變人生！

生意要做大你覺得你該選 1 還是 2？

09、 成交永遠是一種跟顧客生活深度的連結

銷售行銷，你說好不叫好，顧客說好才叫好！

產品或服務的價值是由顧客認定的！不是你或公司認定的。

所以你越能『習慣讓顧客跟你說好』，你就越容易讓顧客採取你建議的行動。

而你越從顧客生活的角度去思考，你越能讓他自然的跟你說好。

『成交永遠是一種跟顧客生活深度的連結』！

10、 銷售行銷賣 3 種期待

銷售行銷賣 3 種期待：

①.賣未來會更好的希望！

②.賣跳脫不變現狀的期望！

③.賣心中強烈渴望實現的願望！

各位朋友，現在的你賣的是什麼呢？

11、 溝通成功不在於嘴巴認同，在於採取行動！

溝通成功不在於嘴巴認同，在於採取行動！
(Yes)

事業成功不在於大喊目標，在於實際去做！
(Yes)

人生成功不在於你所缺乏，在於運用所有！
(Yes)

12、 現代消費者要的不是你阿諛奉承的誇獎

現代消費者要的不是銷售員阿諛奉承的誇獎。

他們要的是清楚明白銷售員可以為他們的生活帶來什麼好處跟價值？

所以你可以想想，

你的銷售溝通時間是用在閒聊拍顧客馬屁多？

還是重點的告訴他你可以為他帶來的好處多呢？

這決定了你的成交率！

13、 完美的行銷演講就是一場引人入勝的戲！

完美的行銷演講就是一場引人入勝的戲！

它會讓人迫不及待想知道結局，並採取行動。

而糟糕的行銷演講則是完全令人對結局不敢興趣，只想趕快離場...

所以現在，你準備讓你的行銷演講呈現出一種令人充滿希望的藝術了嗎？

14、 記住！沒有動機就沒有答案！

任何潛在顧客提出的問題，如果你沒有很確定他是真的有慾望瞭解，那你就千萬不要直接給他答案。

因為任何對方動機不夠強烈時所給予的解答，都只是讓他離採取購買行動這件事越來越遠罷了！

記住！沒有動機就沒有答案！

15、 如果顧客跟你買東西只因為你最便宜，那代表你個人對他而言沒有價值！

如果顧客跟你買東西只因為你最便宜，那代表你個人對他而言沒有價值。

如果你銷售覺得價格太高就賣不出去，那代表你沒有真正瞭解產品存在的意義。

如果你覺得事業做不好是因為主管太爛，那代表你沒有獨當一面的能力。

如果有人反對你的決定你就打退堂鼓，那代表你沒有屬於你自己的核心的信念。

16、 你憑什麼？

如果你不能為你的人生果斷的做決定，那你憑什麼期待顧客果斷對你做決定？

如果你不能清楚知道自己要的是什麼，那你憑什麼期待顧客知道自己要什麼？

如果你不能總是去做到你所說出口的，那你憑什麼認為你的人生會變的更好？

17、 在任何行銷銷售上，絕對沒有所謂『沒有收錢的成交』這種事！

在任何行銷銷售上，絕對沒有所謂『沒有收錢的成交』這種事！

舉辦行銷演講，你可以現場讓顧客留訂金，可以讓顧客分期付款，但絕不會有先填訂單，之後再討論繳錢的作法。

這樣做，你的褲子會很鬆，因為你直到餓死，可能還收不進半毛錢。

所以切記別讓自己看著一堆訂單窮開心，口袋卻什麼都沒有。這樣既幫不了自己，也幫不了顧客！

18、 男性請別把下流當清流

在我的生活跟工作中，常常會聽到女性學員或朋友在事業上遇到一種狀況，就是常常有男性藉由跟她們消費買東西的名義，想要約她們見面進而靠近她們。甚至還有男性表明產品不要，直接給錢，只要這位女性願意跟他進一步...

我是不知道有多少人認同這樣的作法，但我想說的是，身為一個男人如果你夠有魅力，你就不需要假借任何購買之名行搭訕之實，也可以吸引人。這種醉翁之意不在酒的消費，真是讓同樣身為男性的我感到丟臉！

銷售，如果顧客的重點不在使用產品本身，而在靠近銷售員這人本身，就算成交，對這就銷售員而言也絕對是短期利益造成長期傷害！

所以事業要長久不僅要慎選產業、產品，也要好好慎選顧客！不是嗎？

19、 引導聽話對方思考的能力跟你的影響力成正比！

銷售溝通如果你不能引導對方先思考你的問題，你就是必須先思考對方的問題。

而如果你總是處在思考跟回答顧客問題的過程中，那代表你對他沒有影響力，是他對你有影響力。所以怎麼學會隨時，

1.誘發對方思考

2.將問題丟回給對方思考

就是一個善於銷售溝通跟不善於銷售溝通者最大的差別！

20、 最終的購買來自於一開始的好奇！

行銷銷售，如果顧客當下沒有對你提出的議題感到好奇或想知道答案，那麼你的說明跟解釋就是多餘的。因為，沒有一個正常人會對於他沒興趣知道答案的事情認真瞭解。所以你想增加成交購買率，一開始的重點絕不是你多詳細的說明或你產品有多少好處，重點是：

『顧客感興趣想進一步知道答案了嗎？』

21、 顧客核心問題就 2 個！

銷售成交一開始你就要不斷放大產品讓顧客生活得到的好處；同時立即限縮顧客的問題！

而通常顧客最核心的問題就 2 個：

①. 時間

②. 金錢

你需要面對的就這 2 件事，所以不管是一對一或一對多銷售，你能越快讓顧客願意面對這 2 件事，同

時解決這 2 件事，你離成交跟真正幫助到顧客就越近！反之則離成交跟協助顧客越遠。

22、 銷售行銷就是一個由小換大的過程...

銷售行銷就是一個由小換大的過程。

讓顧客由小的成本換到大的利益。

問題是身為銷售方的你，你的說明是讓顧客覺得成本大利益小？還是成本小利益大？

這決定你的成交率！

第四篇　什麼是好的銷售講師

01、 一個頂尖的行銷演講講師會有一種霸氣！

一個頂尖的行銷演講講師會有一種霸氣！

這種霸氣來自於他堅定相信自己可以對聽眾有幫助的信心！

同時也來自於，他一定要聽眾生活變的更好的決心！

所以他不會輕易接受聽眾維持現狀的理由，他會踏過這些理由，幫助聽眾看到現實並往前邁進！

那身為行銷演說家的你呢？

你擁有這樣的氣場跟信念了嗎？

還沒有的話，現在開始強化自己吧！

02、 完美的行銷演講就是一場引人入勝的表演！

而講師就是帶領聽眾入戲的最佳男、女主角，

所以當你在進行行銷演講時，你該做的不是硬梆梆的給予聽眾專業內容，

而是從語言到非語言都柔軟有變化的帶聽眾進到你所創造的情境！一種充滿希望！未來會更好！迫不及待的情境！

因此，你現在的行銷演講是在給予資訊？還是創造希望呢？

03、 頂尖行銷講師，他會在 3 個層面幫助聽眾成長！

一個有影響力的頂尖行銷講師，他會在 3 個層面幫助聽眾成長：

①.幫助聽眾提升他們某方面的能力！

②.幫助聽眾提升他們的收入跟財富！

③.幫助聽眾提升他們個人的自由時間！

因為一個真心希望聽眾更好的講師，他很清楚的知道，他幫助別人提升，就是幫助自己提升！

所以他會充滿熱情！全然把心力放在如何幫助聽眾未來過的更好上面！

04、 **銷售行銷最基本的 2 件事：**

銷售行銷最基本的 2 件事：

①.提出顧客最常遇到的困擾問題

②.提供對這些問題最簡單的解決方式

這是基本，卻也是許多人忽略或做不完整導致績效不好的原因。

05、 完美的銷售溝通，是理性與感性交錯的藝術！

如果你銷售溝通只懂得分析數據跟講道理，那你不會讓聽方對方心裡有感覺。

如果你銷售溝通只懂得訴諸情感跟拉關係，那你無法讓聽話對方的大腦防衛意識接受。

古人說：動之以情，訴之以理！這件事永遠不會隨時代改變而改變。

所以學習自然的將理性跟感性同時交互運用在你的事業溝通上，那你成交率大大提升是必然的結果！

06、 現代人要的溝通是沒包裝的直接

在資訊隨手可得的現代，消費者跟民眾想聽的已經不是包裝美化後的語言！

我們從全世界近期幾個知名的政治或企業領導人身上就可以發現，講話越直接，就越貼近民眾的心，而就容易有更高的支持度。而相反的，

當政治人物或各領域的領導人還是沿用過往不斷在包裝或心口不一的表達方式時，跟民眾的距離感就越大，當然影響力就漸漸失去...

而現代銷售行銷也一樣，當你能越直接的用消費者平常生活的對話語言，向對方傳達你的商品好處跟價值時，你就會更容易被顧客接受而成交。

如果現在你的銷售事業還在著重商品解釋跟包裝話術，那你該好好練習用一般人真實的生活語言跟顧客溝通了。

07、 問題是對方該先思考的，不是你該先思考的

善於銷售溝通的高手，都懂得隨時把問題，重新丟還給發問的對方去思考。

而銷售溝通能力一般的人，都習慣直接回答對方的問題，然後問題沒完沒了。

你對於溝通情境的掌控能力，多數取決於你對溝通對象的引導能力！

08、 你掌控現場 OR 被現場掌控

一個頂尖的行銷演講講師,他會掌控現場以及引導聽眾,他會在任何情況下把演講會場,變成他想要的氛圍。

而一個能力還不夠的行銷演講講師,他則會被演講現場掌控,他被聽眾帶著走,更無法創造他要的氛圍。

如果你想提升行銷演講現場成交率,那你現在該好好提升你掌控現場,臨危不亂的能力了!

09、 溝通＝銷售＝生活品質

溝通成功:建立在讓對方採取你要他採取的行動。

銷售成功:建立在讓對方採取你要他採取的購買行動。

所以我們可以 100%說:溝通＝銷售

因此,這世界每個人無時無刻都在溝通,也都在銷售!

溝通能力越好＝銷售能力越好＝生活品質越好

因此我的朋友，如果你到現在還認為你不是做生意或從事銷售行銷工作，所以你不必學銷售的話，那你這輩子虧可吃大了。

因為，每個人一輩子最重要要賣出去的東西就是『自己』阿！

10、 銷售行銷絕對不要做不相關的條件交換

在我培訓的生涯裡，我偶而會聽到有些從事銷售工作的朋友，不管男女，他們會習慣跟一些焦點不在產品上，而只想藉機靠近他們的潛在顧客說：『只要你買這個東西、馬上參加會員、或做什麼事，我就答應你跟你出去。』這類的條件交換...

而通常這類的條件交換也都會換到業績。而焦點擺錯位置的顧客也因為有購買而有了更多機會邀約這些銷售員見面或互動。

如果今天一個只因為想接近你而跟你買產品或加盟的顧客，你覺得他會多認真使用產品或經營？

而身為銷售員的你因為條件交換後，換到業績，對方就有更多機會邀約你見面或外出，而你因

為不好意思得罪大顧客，所以你又必須答應他的邀約............就在這一開始就錯誤的起始點裡，買賣雙方都不在正確的道路上循環前進。

我們常說：『銷售行銷是一種透過產品跟服務來協助顧客生活變得更好的過程！』

那一邊為了業績而答應邀約，一邊為了有機會進一步搭訕而購買。

這樣有符合銷售行銷助人的核心精神嗎？

做生意千萬不要為了短期的業績跟收入傷害了自己跟顧客！

想一想你的生意只是為了賺錢？

還是你希望真正幫助別人後賺到錢？

11、 有效的溝通就是見人說人話，見鬼說鬼話！

銷售溝通你要能以對方的背景、屬性、個性、經濟狀況等個人的現況，來談你要講的內容，你就會更容易用更短的時間談到對方想聽的重點。

相反的來說，如果你總是把公司或主管教的說明方式，相同對每個人都講一遍，那你可能會

話講的很多、很累，但對方卻無法專注也容易失去興趣。

見人說人話，見鬼說鬼話這個俚語，用在哪個時代都通用的^^"

12、 你是商品解說員？還是專業顧問？

產品跟商品存在的目的，就是為了讓顧客能用更短的時間，達到他想要的目標！

所以產品跟商品是工具，而身為銷售方的你則是教導顧客如何有效使用工具產生預期效果的人。

因此，如果你銷售只強調商品本身而忽略了你自己，那就只是個「商品解說員」而不是一個『幫助顧客實現夢想的專業顧問！』

13、 溝通中善於給予對方回應的人，通常也都是善於問問題的人

溝通中，善於給予對方回應的人，通常也都是善於問他人問題的人。

而吝於給予對方回應的人，通常也是不善於問問題的人。

而頂尖的溝通者都知道『問對的問題』是加速完成溝通的必要條件！

所以，如果你想提升你的溝通能力的話，先習慣給予他人回應吧！

14、 直接介紹產品永遠是最爛的銷售答案！

「銷售」如果你一聽到顧客有問題，你提供的解決方式就是『直接介紹他用你家產品』那你的銷售幾乎只有死路一條。

人類採取行動的動機除了來自於自身外，其他全都來自於『引導』！

所以銷售行銷「如果你不懂引導顧客」，而只會直接介紹產品，那你就等於直接切斷他對你的興趣，以及進一步瞭解的動機。除非他本身一開始就很想買你家東西。

因此『引導』不僅是所有有效溝通的核心，更是頂尖企業家跟銷售員共同具備的能力！

15、 銷售重點不是你原本是怎樣的人，而是顧客想要看到怎樣的你！

一場行銷演講對聽眾而言，他們在乎的不是講師原本是怎樣的人。

他們在乎的是，他們可以這講師身上看到什麼自己想要的希望跟狀態！

所以銷售行銷你是原本是誰不重要，重要的是顧客想要看到怎樣的你！

因此在你追逐業績的同時，不如先好好想想你現在所呈現的狀態是顧客想看到的嗎？

16、 銷售溝通不是先要求雙贏，而是讓對方先贏！

銷售溝通不是先要求雙贏，而是讓對方知道他先贏，你就會贏！

經營生意不是先要求賺錢，而是先有效的花錢建立實力，你才會賺錢！

帶領團隊不是先要求伙伴要進步，而是你自己要先不斷學習，你團隊才會持續進步！

17、 要請求！請先給予價值，而後尋求回饋！

在生活工作的溝通中，當你想向別人提出一個請求或要求的之前，你務必先提出一個對對方有利的提議。

在對方感受到這提議對他好處後，他自然比較容易會會接受你的請求。

這世界最傻的請求就是：『你說不能給對方要的，卻希望對方給你你要的！』

請求有效的核心永遠建立在：『先給予價值，而後尋求回饋！』

18、 為我好？還是，為你好？

生活中常常聽到許多人在銷售或對後輩講話時，會說：『我是為你好！』

每次聽到這句話，我就覺得恐怖。因為通常這句話一出來，也代表這人 90%是從自身的利益出發，而不是真的為對方好。

所以，在現代社會銷售溝通時說『我是為你好』是好事嗎？

我想或許你會得到反效果...

如果你說：『只有你更好！我才會更好！所以我希望你更好！』或許真實也舒服的多！

19、 成交！永遠是先跟隨後帶領

銷售溝通，你必須先跟著顧客前進，你才能讓顧客跟著你前進。

所以怎麼隨時順著顧客的方向然後，自然順暢的帶顧客往你的方向，

最後達到你希望的終點『成交』！這就是一門必須不斷精進的藝術！

20、 頂尖的企業家隨時都勇於邀請顧客採取行動！

身為一個頂尖的行銷企業家或業務顧問，只要他相信他做的事對顧客的現況有絕對的正面幫助，他就會隨時勇於邀請顧客採取行動！

而如果你總是不敢果斷邀請顧客採取行動，那你要去想想...你是否相信你自己跟你做的事對顧客的生活有 200%的幫助呢？還是你自己也懷疑呢？

21、 你對他人的影響力，專業技能只佔不到 20%！

你對他人的影響力，專業技能只佔不到 20%，真正 80%以上的影響力來自於你的人格特質！其中包含信念、心念、做決定的能力跟速度、毅力、持續力、格局....等等。所以你想要有影響他人的能力嗎？別只想加強專業技能，先強化你的人格特質吧！

22、 順從不見得是一種幫助！

真正幫助一個人，不是順著他的意讓他活在原本的世界。

而是讓他在一定程度的壓力下，進到他從未經歷但卻更好的世界！

23、 顧客做不了抉擇，就別再給他更多選擇！

「銷售」當你的顧客知道他要什麼，你可以給他選擇讓他自己做決定。

但是，如果你的顧客根本不知道他自己要什麼，也做不了決定，這時候你提供給他更多的選擇，

只是更浪費彼此時間，同時你也無法真正對他有幫助。

所以，出類拔萃的企業家跟業務員都是『帶著顧客下對他最好的決定！』，而不是等待顧客自己找出對的決定。

24、頂尖的行銷演講講師都會在演講中創造一種氛圍

頂尖的行銷演講講師都會在演講中創造出『聽眾夢想即將輕易實現』的氛圍。

而最後成交階段的激勵只是一種加速的催化劑罷了。因為聽眾的心早在演講過程就被成交了！

那身為行銷講師，你覺得你現在能做到哪了呢？

第五篇　銷售行銷的成交秘訣

01、銷售、行銷、溝通『明確給對方下一步』是絕對必要的！

多數銷售行銷人員或一般人在溝通結尾，常常會跟聽話對方產生〞沒有共識〞的模糊地帶。

比如銷售員會說：你想好在跟我說、你有空再跟我說、我等你回覆、你跟你先生討論完在跟我說、你先忙我晚一點再撥給你.....等等的模糊結尾。

為什麼模糊？

「你怎樣再跟我說」、「我晚一點再打給你」、這類的語句結構，請問是什麼時候要說？晚一點打是幾點要打？跟先生討論是要什麼時候確認？回去安排時間是什麼幾點確認？

顧客模糊回應銷售員，銷售員模糊接受，然後顧客既沒享受到商品好處，而銷售員也沒幫助到對方跟自己。那彼此講了一堆話不是浪費彼此時間嗎？

02、 銷售行銷生意的賺錢模組必須要有的 10 件事

銷售做生意要自然賺錢是建立在系統跟模組上

你創業能越快找到並建立適合你自己賺錢的運作流程，你就越能輕鬆收錢。

問題是，創業初期你必須花很多時間精力去找到系統中的每個環節，並把它們組合起來。

所以，

①.『公司形象設計』、

②.『產品市場定位』、

③.『為顧客帶來的好處』、

④.『廣告曝光方式』、

⑤.『說明成交方式』、

⑥.『促銷策略』、

⑦.『金流收費流程』、

⑧.『訂單設計』、

⑨.『合作對象及工作伙伴』、

⑩.『利潤分配方式』

等等都是一個創業家或銷售行銷人員該建立好的核心。

而現在正在為自己的是事業而努力的你，你做好哪些準備了呢？

03、完美行銷演講的 3 要素！

一場完美的行銷演講由 3 個核心組成：

①.教育

②.啟發

③.銷售

如果你只是一直陳述或分析你想講的，那你或許做到教育，但聽眾會覺得無聊。

如果你透過直指核心的提問讓聽眾深入思考，
那你做到了啟發，但這時候還不賺錢。

如果你在教育啟發後，自然真心的邀請聽眾去採
取行動落實你的建議，那你做到了銷售！也同時
擁有了金錢！

一個充滿教育、啟發、跟銷售的演講，你會幫
助到很多人，也會大大的幫助到自己！

04、 善用數字讓你成交更容易！

行銷銷售時，順序化的數字會讓人容易理解並有
豐盛感！

比如：

3 大功能！1...2...3...

4 大好處！1...2...3...4...

5 大價值！1...2...3...4...5...

6 個步驟！1...2...3...4...5...6...

7 個你該這麼做的理由！1...2...3...4...5...6...7...

顧客覺得你的產品跟服務越豐盛，他就用越容
易做購買決定不是嗎？

05、 銷售要好 4 必要

你的外表要能呈現出你商品的效果！

你的狀態要能讓顧客覺得充滿希望！

你的專業要能帶來教育性跟啟發性！

做生意是一種內外同時展現的藝術！

06、 如果聽眾顧客沒有給你要的反應怎麼辦？

常有學員會問我：『如果在演講當中，聽眾沒有給予他要的回應或動作怎麼辦？』

答案是：不管是行銷演講或一對一銷售，如果聽眾或顧客沒有給你你要的反應，那絕對不是聽眾的問題。而是講師或銷售者的問題！

所以當你第一次聽眾沒給你你要的回應時，你要做的事就是：『加強語調跟動作再引導一次！！！』

Do they again & again!!!

直到你得到你要的反應跟回應為止！然後再引導下一個回應！

07、 行銷演講的成交是一種不斷鋪排而來的結果！

行銷演講成交的重點在於速度！熱情！激情！跟自然流暢的成交步驟！

所以成交的氛圍的創造永遠都只來自一個人就是講師！

而講師不是最後面才想辦法成交，而是一開始出場自我介紹就在成交了！

如果你現在還認為行銷銷售成交是最後面才要做的事，那你必然會很容易對你的銷售結果感到失望。

08、 把銷售行銷變成一種遊戲！

銷售行銷，如果你可以把跟顧客之間的各種互動，變成一種遊戲的模式跟心態在進行。

你就更容易讓顧客受到啟發，同時在比較沒有壓力的氛圍下採取購買行動！

銷售行銷成績收入要好，要玩它，不要做它！

Enjoy your closing!"

09、 一場會賺錢且吸引聽眾的三大銷講核心

① . 吸引目光讓人感覺充滿希望的主題

② . 合理務實有教育啟發性的演講內容

③ . 讓聽眾自然採取購買行動的步驟

10、 做演講或會議簡報你一定要注意...

演講簡報

對講者而言是『內容提示』

對聽眾而言是『傳達重點』

所以簡報內容要能簡潔、精確、有層次的標題敘述，而非一股腦地把講師要講內容卻都打在簡報上，或文字精簡到聽眾看不懂。

演講或會議報告的最終目標在於，『講者能清楚傳能達，聽眾能清楚吸收，進而採取一致共識的行動！』

11、 銷售溝通中的『贊成』有 2 種

①.前面佯裝贊成對方,但後面立即反駁。

EX:我覺得你講的很好,但是......如果...

②.一樣贊成對方,然後把對方跟你的論點結合,延伸出你跟他目標一致的彼此贊成!

EX:我覺得你講的很好,而我的想法也完全跟你一致,就是希望透過這作法讓你能更好!

你覺得那種贊成會讓你溝通順利點?

12、 別人懂不懂跟贊成你所講的,才是溝通的核心!

銷售溝通的重點不在於你清楚明白你自己在講什麼。因為這是必然的廢話^^

銷售溝通有效性的重點在於『你能讓聽話對方完全清楚明白你在講什麼,並願意採取行動!』

別人懂不懂跟贊成你所講的,才是溝通的核心!

13、 一筆生意成交的關鍵通常不來自於產品有多好，而在於銷售員堅定的狀態！

一筆生意成交的關鍵通常不來自於產品有多好，而在於銷售員堅定的狀態！

堅定的眼神、堅定的語氣、堅定的肢體動作、堅定相信自己一定可以對對方有幫助的心念！

成交說實在多半都不是產品導向，而是「人與人之間能量跟希望的傳導」！

14、 文字訊息往往容易造成溝通謬誤...

文字最大的問題是它沒有『語調』跟『表情』。

而語調、眼神跟表情卻是人類在接收訊息時最重要的判別來源。

所以如果你是個依賴打字做為主要溝通方式的人，你可能必須常常承受被對方誤會你意思的風險。

因此，善於溝通的人必然知道：

①.重要的事當面或電話說。因為有聲音跟表情。

②.文字訊息只用來重複確認已有的共識，或告知簡單資訊。

③.絕對不用訊息來『確認訂單』或某種『需要採取重要行動的共識』。

15、 你的世界就只是你看到的世界

你眼睛看到的就是你能看到的世界。而別人眼睛看到的也是他能到看的世界。

每個人看到的世界就只是自己的世界，永遠不是別人的世界！你永遠看不到世界的全貌！

所以，銷售溝通要做的好，你要學會用別人的世界衡量標準。

如果你只用你看到的世界判斷周遭人跟自己的對與錯，那你必然會很容易有挫折跟受到傷害。因為你會認為，別人或顧客不懂你，或是你不懂你以外的人到底都在想什麼？

世界不會因我們自己而轉，它來自於這世界所有人的組成！

懂這道理，恭喜你也真實得到這個世界！

**16、 成交是一種不斷『引導』，同時伴隨 ′激勵′ 、
′鼓勵′ 、 ′邀請′ 的過程！**

成交是一種不斷『引導』，同時伴隨 ′激勵′ 、
′鼓勵′ 、 ′邀請′ 的過程！

引導溝通對象往他希望他們前進的方向前進。
是所有善於銷售、行銷及溝通的大師都隨時在
做的事！

所以可以說，引導的能力關乎一個人生活的品
質，一點也不為過。

你是否願意開始學習跟練習你的溝通引導能力
呢？

17、 現代成交 6 步驟：

①.引發興趣

②.瞭解動機

③.刺激慾望

④.降低負擔

⑤.放大好處

⑥.勇於邀請

成交的重點永遠在『明確的動機』＋『強烈的慾望』！

18、 4 個關鍵性問題讓你的銷售溝通完整有效益

銷售溝通要有效率問對問題是必要關鍵，

而問問題至少有 4 種目標：

①.對方做這件事的動機

②.對方的現況

③.對方的期望

④.對方對於目標的渴望度

19、 『成交』是一種「不斷縮小顧客代價，同時不斷放大利益的過程！」

『成交』說穿了就是一種「不斷縮小顧客所付出的代價」，同時『不斷放大顧客所得到利益』的過程！

重點是，你在銷售過程中你有不斷這麼做嗎？還是你都在解釋正確但令人無感的道理？

20、 一體兩面的陳述讓你容易被顧客信任！

銷售溝通如果你對顧客一直只講自己東西有多好，你會讓顧客覺得你是一個跟其他人沒兩樣的一般業務。

如果你能跟顧客談你的東西對他有什麼幫助之餘，同時提到使用你這東西相對會為帶他來的某些小壞處。顧客反而會覺得你很務實可被信任。

世間萬物永遠是一體兩面，當你總能把好的一面跟壞的一面同時讓顧客看到時，你對顧客而言，就會是一個能帶著他看穿事物本質的專業顧問！

21、 行銷演講的 3 個成交階段！

行銷演講的 3 個成交階段！

一開始，我們用好處結論創造聽眾期待感。

然後，我們用深度教育讓顧客感受工具的重要。

最後，我們用能量、速度、激情邀請顧客採取對他有利的行動。

22、 個人溝通能力最好的練習方式

溝通能力最好的練習方式就是：

①.你對你自己講你想對別人講的話，然後看看，你自己接受你所講的嗎？

②.你對你自己做你想對別人做的事，然後看看，你自己享受你所做的嗎？

23、 表達語句不完整，就會讓一個人話越講越多！

因為話不完整，人下意識會想再講一句話去彌補前一句話，而當下一句話又不完整時，就又就會在講下句話去填滿，這個重複的過程，造成自己話講很多，表達無法順利結尾，當然聽話對方也聽不出重點，進而影響溝通有效性。

因此，任何一種形式的溝通，不管是一對一或一對多，在開口講話前就先擬定結論，這習慣會讓你話講的少！重點多又漂亮！當然聽者也更容易明白你所說，而達成共識！

24、 4 要素做出簡單易懂有吸引力的簡報

①.有明確『數字』『結論』的簡報主題

②.每個頁面盡可能都有一個點出該段落重點的標題

③.每個標題下方以 3-4 個重點為內容，每個重點以 1 句話陳述完畢

④.大量善用圖片影片，但不要過於浮誇或跟標題無關而讓觀眾失去焦點

25、 銷售是一種展現堅定的過程！

銷售是一種展現堅定的過程！

一種絕對相信自己可以幫助顧客變的更好的堅定！身為銷售者你不堅定，顧客就堅定的拒絕你。而你展現強烈希望對方更好的堅定，顧客就容易接受你！

26、 行銷演講哪部分最重要？

有學員問我，一場完整的行銷演講過程中我認為那個部分最重要？

我回答：『開場』！

開場內的 3 分鐘！這 180 秒只要你表現平穩吸引台下目光跟注意力，同時讓聽眾擁有期待感。那麼你自己就會開始放鬆不再這麼緊張。同時語調跟表情也會開始和緩，進到銷講平穩期。

所以，如果你問我練習一場行銷演講最該注重哪部分？我會說全部。

如果你硬要我選一個，我會說『開場』！

各位正在練習你的行銷演講嗎？

好好練練你的開場吧！

27、 表達不在於你講了多少，而是對方聽懂多少！

表達不在於你講了多少，而是對方聽懂多少！

溝通不在於你講了多少，而是對方接受多少！

銷售不在於你講了多少，而是對方慾望多少！

人生不在於你想了多少，而是你去做到多少！

28、 3 步驟自我介紹快速凸顯你的價值

做任何商業推廣「自我介紹」都是非常重要的一環，而在現代社會自我介紹如果不能快速的讓聽者瞭解你的價值，那還不如不要自我介紹。因此簡單有吸引力的自我介紹有 3 步驟：

①.你的名字

②.你的公司或團隊(組織)名稱

③.『你的專業或擅長的事可以對聽者生活帶來的幫助！』

對他人而言聽不出價值的自我介紹 = 沒有自我介紹。

29、 現代化高效銷售成交 4 步驟：

現代化高效銷售成交 4 步驟：

①.刺激顧客想要改變現況的慾望！

②.15 分鐘內提出 3 個重點的完整商品說明！

③.讓顧客感覺簡單且輕鬆的購買步驟！

④.真心邀請顧客為了更好的未來當下採取行動！

現在你的銷售事業你做到了哪幾項呢？

又有哪幾項是你缺少的呢？

把你做得好的，做得更好！還缺少的，開始學習補足吧！

30、 銷售溝通非語言比語言重要 10 倍！

銷售溝通要有效果你的語言跟非語言是要同步的。

你不能在對人講應該開心的事，你的臉跟語調卻很嚴肅。

當然你也不可能談嚴肅的事，你的表情卻很開心。

喜怒不型於色，對於銷售或生活溝通是一點幫助都沒有的。

所以，你常覺得人際關係不好或銷售溝通不順利嗎？

現在開始注意你非語言表達的呈現！

練習隨時笑著說話吧！

自助出版學院
Self Publishing College

關於我們

我們的使命是希望透過專業、系統化的自助出版計畫，包含市場分析以及行銷策略...等等，幫助與我們連結的每一位學員打造個人或公司品牌，完成出書夢想及獲取相關營收，並且把真、善、美帶到世界各個角落。

我們學院已經幫助台灣兩百多位素人，出版他們生平的第一本書，並且在全世界銷售。

我們希望把這套自助出版系統分享給想為自己出書或賺取版稅被動收入的朋友們，因此成立了自助出版學院。希望大家利用這個方法去創造並透過出書去散撥您的創意；您提供的價值藉由出書是可以真正幫助到需要的人，這不但是一件美好的事，還讓您多了一個頭銜:

-作家-

想了解更多，歡迎與我們聯繫！

官方line@

FB粉絲頁